Avant-Propos.

> « C'est un devoir de conscience encore plus que
> » de raison, s'il est possible, de représenter les
> » faits comme ils doivent être représentés sans
> » préjugés, sans colère, avec cette dignité calme
> » qui est déjà une garantie de la vérité dont on se
> » proclame l'organe. »
>
> M. TURQUETY : *Les Historiens actuels.*

Les explications données dernièrement dans les *Recherches sur Jean Le Hennuyer*, en réponse à plusieurs observations critiques, n'ont point eu le mérite de mettre fin à une longue polémique. M. Dubois, reprenant aussitôt la plume, a renouvelé ses attaques contre le célèbre libérateur des calvinistes de Lisieux, soit dans une brochure publiée à Paris sous ce titre : *De la conduite de Le Hennuyer en* 1572*; défense de ma dissertation de* 1817 *et de mon opinion sur cet évêque;* soit dans un ouvrage intitulé *Recherches historiques sur la Normandie*. « J'ai dû croire juste, dit-il, d'intervenir pour défendre mon opinion attaquée » et pour chercher à constater la vérité. » Le dévouement de Le Hennuyer est pour lui un fait supposé, sans preuves, et sans vraisemblance.

Dans la seconde partie de son travail, M. Dubois refuse de regarder comme historique le massacre des catholiques, exécuté par les calvinistes dans le Roussillon, le Béarn, et la Navarre le jour Saint-Barthélemi 1569.

Il nous a semblé utile de publier une réplique à cette nouvelle dissertation. La discussion que nous présentons comme la seconde partie des *Recherches historiques et critiques sur Jean Le Hennuyer* est précédée de l'examen de quelques objections relatives à la propagation des massacres qui eurent lieu dans les provinces à la suite de la Saint-Barthélemi.

RECHERCHES

HISTORIQUES ET CRITIQUES

SUR

JEAN LE HENNUYER,

ÉVÊQUE ET COMTE DE LISIEUX,

SECONDE PARTIE.

CHAPITRE XII.

Les Massacres de la Saint-Barthélemi propagés dans les provinces.

PARMI les observations adressées à l'auteur des *Recherches* se trouve principalement celle-ci : Charles IX n'a jamais donné d'ordres pour faire exterminer les calvinistes des provinces, à la suite de la Saint-Barthélemi : ce prince enjoignit seulement aux gouverneurs d'employer les mesures les plus vigoureuses pour prévenir les meurtres et maintenir la paix, en protégeant les protestans contre les catholiques, et, plus tard, les catholiques contre les protestans. L'exaspération populaire a seule causé les scènes déplorables qui ont ensanglanté un petit nombre de villes. Les habitans de Lisieux, dociles aux instructions de la cour, restèrent paisibles : Le Hennuyer n'eut point l'occasion de se dévouer pour sauver de prétendues victimes qui ne coururent aucun danger.

Cette objection, présentée avec l'appui du sentiment de plusieurs historiens modernes sur la propagation du massacre de la Saint-Barthélemi dans les provinces, se trouve réfutée au moyen d'une narration complète des évènemens.

Une grande fermentation régnait dans Paris depuis la blessure de l'amiral Coligni : Catherine de Médicis, « qui croyait que les crimes doivent entrer tout naturellement dans les moyens qu'on emploie aux affaires », (1) conçut le projet de confier aux Parisiens, faciles à émouvoir, les vengeances du parti catholique et les ressentimens de la royauté. Elle demande à son fils la mort de l'amiral et celle des hommes les plus influens du parti huguenot qui entourent ce chef. Charles hésite : mais un concours d'incidens aussi graves que fortuits le détermine. Peu d'heures après son adhésion, le tocsin de Saint-Germain-l'Auxerrois a donné le signal du massacre. L'amiral et les principaux officiers calvinistes tombent les premiers sous les coups des sicaires que conduit le duc de Guise ; puis l'émeute, le sang, et la mort courent les rues trois jours durant.

La nouvelle de ces désordres est portée rapidement

(1) Expression employée par Mably.

dans les provinces. Le roi n'a pas omis d'écrire aux gouverneurs : il leur annonce que cette sanglante sédition est le fruit de l'animosité des deux maisons de Guise et de Châtillon; qu'ils eussent donc soin de faire entendre à tout le monde que ce qui vient d'arriver n'apportera aucun changement aux édits de pacification, et qu'il commande que chacun reste tranquille.

Cette dépêche pacifique fut promptement contredite; et la résolution de maintenir la paix dans les provinces avait été abandonnée par la cour, dès le soir même de cette journée.

Les auteurs du massacre dont l'irrésolution dévoile les inquiétudes sur les suites que pouvait avoir cet évènement, n'avaient pas prévu la juste opposition du duc de Guise à ce qui venait d'être écrit aux gouverneurs. Ce chef des assassins de Coligni, ayant compris que l'intention de Charles IX était de faire retomber sur lui l'odieux des meurtres, protesta énergiquement contre cette perfide imputation en disant qu'il n'avait rien fait sans ordres. Au moyen de cette pressante justification, il vint à bout de détourner sur la personne du Roi, la responsabilité dont le prince avait voulu le charger. « Le duc de Guise, ayant la force » en main » dit Mézerai, « la noblesse catholique, » le duc de Montpensier, et les parisiens pour lui, » obligea le Roi à changer de langage et d'écrire que

» ce qui était advenu s'était fait par son ordre (1). » Catherine de Médicis n'eût pas demandé mieux que d'être débarrassée, au moyen d'une condamnation juridique, du chef du parti catholique qu'elle avait employé pour se défaire du chef du parti huguenot; mais les réclamations du prince lorrain, son rival en habileté politique, la forcèrent d'abandonner ce dessein et lui firent sentir qu'il fallait inévitablement que le Roi se mît à la tête du mouvement (2). « On résolut que Char-» les IX se jetterait entièrement dans le parti catholi-» que, et qu'il considérerait comme son propre ouvrage » tout ce qui avait été accompli par le peuple, les capi-» taines des quartiers et la garde bourgeoise (3). » « Prévenu de ces pensées, » ajoute un autre historien, « l'inconsidéré monarque autorisa le massacre dans » les provinces aussi bien qu'à Paris. Catherine lui » avait dit que s'il n'agissait pas ainsi, il exposait ses » états à un bouleversement entier; vu que les restes » des calvinistes, qu'on pouvait anéantir aisément, ne » manqueraient pas, si on les laissait respirer, de se » joindre aux Montmorenci qui avaient promis hau-» tement de venger les Châtillon sur les Guises (4). »

(1) *Abrégé Chronologique*, t. V.

(2) Mézerai. — Béraut-Bercastel. — Anquetil. — M. Dufau, continuateur de l'histoire générale de France.

(3) *Histoire de la Réforme*, par M. Capefigue, t. III.

(4) Bérault-Bercastel : *Histoire de l'Eglise*, t. XIX.

Le 26 août, Charles IX se prononça en public contre les huguenots : il déclara au parlement assemblé que les exécutions qui venaient d'être commises ne l'avaient été que par son ordre, afin d'empêcher une détestable conspiration. La cour avait, dès la veille, expédié dans les provinces des catholiques accrédités chargés *d'ordres verbaux* pour faire imiter partout les crimes dont Paris avait donné l'exemple (1).

On ne manqua point, comme on l'objecte, de courriers qui crurent bien mériter du ciel en se chargeant de transmettre ces ordres cruels. Les huguenots étaient considérés comme des ennemis par un peuple empressé à tirer vengeance de leurs cruautés et de leurs pillages.

Un de nos critiques ne reconnaît point l'envoi de ces ordres verbaux comme un fait acquis à l'histoire. Il cite M. Capefigue, qui prétend que « ces horribles » exécutions arrivèrent toutes seules par la renommée » qui propage les faits si vite, quand les populations » y applaudissent (2); » mais le fait de l'expédition des courriers est constaté par la correspondance même

(1) Daniel. — Mézerai. — Davila. — Berault-Bercastel. — Anquetil. — M. Dufau, *Histoire générale de France* et autres. — Note 1.

(2) *Histoire de la Réforme.*

de Charles IX (1), par la lettre de la reine mère au maréchal de Strozzi (2), par les *Mémoires* d'Antoine du Pujet et ceux du maréchal de Tavannes, ainsi que par les historiens contemporains, de Thou et Davila. Sully, l'illustre ministre de Henri IV, fait aussi mention, dans ses *Economies royales*, des ordres sanguinaires de la cour. Ce fait a été ensuite rapporté par l'élite de nos historiens : Daniel, Mézerai, Hénault, Bérault-Bercastel, Anquetil; il doit donc, à bon droit, être regardé comme historique.

Un journal, épris du désir de disculper la royauté de ce second crime, avance l'opinion que ces ordres étaient supposés. Cette assertion n'est point accompagnée de preuves. Est-il présumable que les chefs du parti catholique aient osé attenter à l'autorité royale en supposant un ordre qu'elle n'aurait pas donné? Est-il croyable que cet abominable faux n'eût point été aussitôt découvert et puni? Le roi n'eût-il pas protesté avec éclat contre un tel outrage? Ne se fût-il pas empressé de réprimer les excès, de poursuivre les meurtriers devant les parlemens, de destituer les gouverneurs trop crédules, et de montrer aux religionnaires, par le désaveu de ces horreurs, qu'il n'avait point conspiré contre eux. Ce prince, qui laissa,

(1) Correspondance de Charles IX et de François de Mandelot, gouverneur de Lyon, année 1572, nos 14-16-21-26.

(2) Note 2.

pendant trois jours, violer sous ses yeux, à Paris, les lois sacrés de l'humanité, n'a rien désavoué. Bien loin de cela, il écrit aux cours étrangères qu'il vient de remporter sur les hérétiques une *signalée victoire* (1).

D'autre part, on n'a point prouvé que le duc de Guise ait pris sur lui l'expédition de ces ordres. Il est vrai qu'un historien, déjà cité, a dit : « Il ne faut pas » oublier, qu'à côté du conseil public et avoué, tout » parti puissant à son organisation propre, ses corres- » pondances plus fortes, plus impératives que les actes » mêmes du pouvoir : tels étaient les catholiques; » et un ordre revêtu du scel du brave duc de Guise, » était bien autrement obéi que la faible volonté du » roi (2). » Le duc de Guise, qui venait de forcer Charles IX à se charger de l'odieux des massacres de Paris, ne voulut sans doute pas prendre la responsabilité des atrocités qui allaient être commises dans les provinces. Il avait désiré venger la mort de son père par celle de Coligny; mais, sa vengeance satisfaite, il ne songea plus qu'à sauver les malheureux menacés du même sort que l'amiral : quantité de calvinistes furent arrachés par lui au fer des meurtriers (3). Cette

(1) Note 3.

(2) *Histoire de la Réforme,* tome III.

(3) Anquetil, *Histoire de France*, tome VII. — M. Dufau, *Histoire générale de France*, tome XXX. — Mézerai, *Abrégé chronologique*, tome V, page 170.

conduite n'est point celle qu'aurait tenue celui qui se serait fait, comme on vient de l'avancer, le bourreau en chef de tous les hérétiques de France.

« Il est également possible, » continue M. Cape-figue, « que des envoyés secrets et catholiques soien
» accourus en toute hâte pour annoncer aux pro-
» vinces *la bonne délivrance de Paris*, et inviter les
» autres villes à l'imiter. Mais, quand on a écrit l'his-
» toire de cette époque, on a parlé d'ordres secrets, de
» nobles réponses de quelques gouverneurs, et par-
» ticulièrement du vicomte d'Orthe...... Il y eut sans
» doute des gouverneurs qui empêchèrent les émo-
» tions populaires, qui sauvèrent les victimes de la
» réaction..... Ils firent alors ce que les âmes fermes e
» élevées font toujours en révolution, ils s'opposèren
» aux excès des masses. Mais, en tout ceci, il n'y eu
» rien d'écrit, rien de répondu, parce qu'il n'y eut rien
» de commandé (1). » En se servant de cette citation pour appuyer son sentiment, le critique, auquel nous répondons, admet la possibilité de la mission d'envoyés secrets : pouvait-il ensuite prétendre qu'il n'y eut rien de commandé, et qu'il n'y eut rien de répondu? Après avoir reconnu qu'il se trouva des hommes d'une âme ferme et élevée, à qui persuadera-t-il que ces mêmes hommes n'ont osé exprimer leurs sentimens aux fana-tiques agens provocateurs qui leur demandaient de

(1) *Histoire de la Réforme.*

faire tuer jusqu'au dernier huguenot. L'histoire a consigné, dans ses pages impérissables, de nobles et pieuses réponses, et ne les a point supposées (1).

Un autre critique nous demande la preuve de l'arrivée, à Lisieux, de ces ordres verbaux, en citant le nom et la qualité du courrier qui les a transmis au capitaine-gouverneur. Par quel motif ce courrier ne se serait-il point arrêté dans une des principales villes de la Normandie? Rien ne l'indique. Le porteur de l'ordre verbal, ayant présenté au gouverneur de Lisieux des lettres de créance authentiques, on n'avait point intérêt à conserver le souvenir de son nom (2). La tradition, consignée dans les ouvrages de Héméré, de Mallet, de Dom Sainte-Marthe, du savant Echard, atteste le fait de sa conférence avec le commandant de la ville. Notre récit a pour lui l'appui d'une tradition respectable, tandis que le sentiment du critique, sur la non-transmission de ces ordres, manque même du plus léger indice.

Les ordres portés par des hommes dévoués, dans

(1) Maurice Dupeyrat fut le monstre que la cour chargea de porter cet ordre verbal à Lyon. — Joseph-Boniface de la Motte communiqua pareil ordre au comte de Tendes, gouverneur de la Provence.

(2) Les lettres de créance étaient ainsi conçues : « Vous croirez » le présent porteur de ce que je lui ai donné charge de vous dire. » Signé *Charles*, contresigné *Fizes*. (*Correspondance de François de Mandelot*). Voyez ci-dessus, pages 111 et 112.

toutes les contrées de la France, ne furent que trop bien exécutés, quand les calvinistes ne se trouvèrent point en majorité. Alors le massacre devint affreux, même dans les petites villes, les bourgs et les châteaux particuliers, où les seigneurs ne demeurèrent pas toujours en sureté contre la fureur de la population ameutée (1) « Deux mois durant, cette horrible tempête courut toute la France, plus ou moins sanglante (2). »

On voit par ces éclaircissemens à quel danger imminent fut exposée la vie des calvinistes des provinces, et, notamment, ceux de la ville de Lisieux.

(1) Bérault-Bercastel. — Anquetil.

(2) Expression de Mézerai, *Abrégé Chronologique*. Cet historien remarque que les meurtres furent moins nombreux dans la Bourgogne et dans la Bretagne, parce qu'il ne s'y trouvait qu'un petit nombre de calvinistes ; ainsi que dans le Languedoc et la Gascogne, parce qu'ils étaient assez forts pour se défendre.

CHAPITRE XIII.

Réplique à M. Du Bois.

La relation historique du charitable dévouement de Le Hennuyer en faveur des calvinistes de Lisieux, est-elle, comme l'affirme M. Du Bois, une fable à reléguer parmi les impostures de l'histoire?

Cette relation contient un fait public dont la tradition se trouve affirmée et vérifiée au moyen des règles qui servent à démontrer la vérité et la certitude d'un trait historique. Ce fait a été, pendant près de deux siècles, appuyé par l'accord unanime des historiens qui l'ont rapporté, en différens temps, de la même manière, et avec les mêmes circonstances (1). Le témoignagne des temps n'est-il plus le flambeau de la vérité qui éclaire l'historien, lorsqu'à défaut de pièces

(1) *Veracis enim judicium est si de rebus iisdem omnes eadem dicant et scribant* (Dan. Huet. Axiom.)

10

originales, il n'a d'autre garantie que le rapport uniforme d'une longue tradition (2)? « Toute histoire, » tout trait historique, » dit Lenglet Dufresnoy, » doit être regardé comme vrai quand il est attesté » par plusieurs historiens du temps, ou qu'il a été tiré » des écrits d'auteurs contemporains, ou *presque con-* » *temporains*, gens instruits et dignes de foi, dont le » témoignage n'est pas détruit par des écrivains d'une » égale autorité (3). » Cette tradition, gage de certitude, est rejetée par le critique comme ne remontant pas au fait; *mais à l'assertion, sans preuves et sans probabilité, de Héméré et de Mallet* (4).

Hémeré, historien du pays natal de Le Hennuyer, est le premier biographe de ce prélat. Il rapporte le trait de courageuse charité dont il s'agit ici dans un texte latin dont voici la traduction :

« Le Hennuyer était évêque de Lisieux (il avait » été nommé à ce siége, en 1559), quand le gou- » verneur de la ville reçut l'ordre de faire main-basse » sur tous les calvinistes, à l'exemple des exécutions » sanglantes qui venaient d'avoir lieu dans la capitale. » Le Prélat répond à cet officier, qui s'était empressé

(2) *Testem temporum lucem veritatis* (Cicér.)

(3) *L'Histoire justifiée.* — *Principes de philosophie*, par Para Du Phanjas, tôme 1er, page 42.

(4) *De la conduite de Le Hennuyer*. page 13.

» de lui faire part de la dépêche qu'il avait reçue : » *Je ne saurais souffrir que mes brebis, quoiqu'égarées* » *et que j'espère ramener, soient ainsi égorgées*. Celui-ci » représente que l'ordre de la cour est si pressant qu'il » irait de sa tête s'il refusait de l'exécuter. *Je vous* » *promets de répondre pour vous auprès du Roi de votre* » *refus*, reprit Le Hennuyer, et il lui donna, sur sa » demande, sa parole solennelle ainsi qu'une obliga- » tion écrite de sa main, par laquelle il confirmait sa » caution. Cette conduite charitable fut promptement » connue des habitans de la ville, et principalement » des calvinistes qui, touchés des soins du pieux » évêque pour leur conserver la vie, rentrèrent peu- » à-peu dans le sein de l'église. On n'a plus, depuis ce » temps, rencontré de dissidens à Lisieux (1). »

Cette relation circonstanciée renferme le témoignage irrécusable des contemporains. Héméré, écrivant dans un temps où la génération, témoin oculaire des faits qu'il rapporte, n'était pas entièrement éteinte, est regardé, à bon droit, comme informé avec exactitude. Rien, ne prouve que cette relation n'a point été écrite d'après des documens certains; n'est-il pas, au contraire, très-vraisemblable que cet écrivain, bibliothécaire de la Sorbonne et auteur d'une histoire manuscrite de cette maison, n'a point ignoré la biographie d'un prélat, son compatriote, mort doyen de cette

(1) Le texte latin se trouve note 5.

même faculté? Il avait belle occasion pour vérifier les notes qu'il avait déjà reçues soit de la famille, soit des nombreux amis de Le Hennuyer, quand il rassembla, en 1635, les matériaux de son histoire de la ville de Saint-Quentin.

La publicité de ces faits ne rendait-elle pas, à cette époque, toute fraude impossible? « Il est certain, » dit M. de Pradt, « que nulle fausse tradition ne peut » s'établir sur un fait public et éclatant. Un historien » ne saurait en imposer aux témoins oculaires et » aux contem porains. Si quelqu'un faisait paraître » aujourd'hui une histoire remplie de faits éclatans et » intéressans, arrivés de nos jours, et dont personne » n'eût entendu parler avant cette histoire, pensez- » vous qu'elle passât à la postérité sans contradiction? » Le mépris dans lequel elle tomberait suffirait seul » pour préserver la postérité des impostures qu'elle » contiendrait (2). »

Héméré ne pouvait ainsi présenter une fable à l'admiration de ses concitoyens sans encourir un flétrissant démenti.

Les neveux et petits neveux du prélat, qui tenaient un rang honorable dans l'église et la magistrature à

(2) *Traité de la certitude*. Voyez, sur le même sujet : *Les Principes de laPhilosophie*, par Para du Phanjas, tome v, p. 65.

Saint-Quentin, à Noyon et à Laon, ne pouvaient être mal informés sur un trait aussi remarquable de la vie de leur oncle. Les accusera-t-on, avec Héméré, d'avoir inventé le fait, ou seulement de l'avoir laissé publier sans contradiction, quand ils savaient qu'il était controuvé? Ils eussent manqué à toutes les convenances en laissant publier, en leur honneur, une belle action qui n'eût été qu'une fable. Le premier ennemi venu n'aurait pas négligé de se donner le plaisir de leur reprocher cette gloire de famille acquise au moyen d'une imposture (1).

L'évêque et le clergé de Lisieux n'auraient-ils pas, d'ailleurs, réclamé contre le récit de faits inconnus? Le clergé possédait dans ses rangs plusieurs vieillards qui avaient été témoins, dans leur jeunesse, des événemens de 1572 : pouvait-on les tromper? pouvait-on aussi tromper un grand nombre d'habitans, soit de la ville, soit du diocèse, qui savaient par eux-mêmes, ou de bonne part, ce qui s'était passé? M. Du Bois suppose donc que ses compatriotes ont eu la simplicité de se laisser raconter, sans mot dire, des faits locaux qu'ils ignoraient, et dont ils auraient dû être instruits les premiers; cette injure ne devait pas être adressée à la ville de Lisieux, qui, à cette même époque, comptait dans son sein un grand nombre de littérateurs distingués.

(1) Note 4.

Les familles des prisonniers calvinistes n'eussent-elles pas protesté contre un récit qui imputait à leurs pères une abjuration! Ces calvinistes lexoviens, qui s'étaient trouvés assez nombreux pour former une congrégation, disparaissent peu à peu, après 1572 : où se sont-ils retirés? La tradition rapporte que ces familles n'ont point émigré, mais qu'elles sont revenus au catholicisme; et leur conversion n'a pu être qu'un fait public etéclatant, qu'on ne peut taxer d'invention frauduleuse.

Hèméré n'a point mérité d'être flétri par M. Du Bois comme ayant fabriqué une histoire. Ce pieux chanoine, de Saint-Quentin, est auteur de plusieurs ouvrages qu'il écrivit élégamment en se servant de la langue latine. Il avait rempli pendant dix-sept ans les fonctions de principal du collége de Saint-Quentin, avant d'aller, en 1638, habiter Paris où il était appelé pour remplir la place de bibliothécaire de la Sorbonne. Le cardinal de Richelieu, qui l'estimait, lui donna le moyen de se consacrer à l'étude en le nommant conservateur de ses manuscrits. L'éloge de ce savant se trouve dans nos meilleurs dictionnaires historiques. Cette mention honorable n'aurait point été décernée unanimement à *un faiseur d'historiettes ridicules*, comme l'appelle M. Du Bois, à *un romancier qui se plaît dans les prodiges;* à *un chroniqueur sans critique et sans réputation qui n'a eu d'autre but que de mentir à la postérité* (1)*!*

Le critique ne montre pas moins d'hostilité envers le dominicain Antoine Mallet : il méprise cet écrivain comme l'auteur *burlesque d'une indigeste compilation d'inepties et de bévues.* L'accusation d'imposture vient ensuite : « *Parurent*, dit-il, *pour exalter cet évêque, Mallet et Héméré, écrivant en même temps à Paris dans un cabinet de la Sorbonne leur absurde élucubration, l'une en français l'autre en latin... Ce jacobin breton s'évertue à se cotiser avec son voisin Héméré pour* MENTIR *à la postérité, deux écrivains, qui n'en font réellement qu'un; qui, pour rendre plus illustre leur personnage, pendant qu'ils étaient en train, interprètent par l'effet d'un grossier anachronisme sa résistance au Roi, et représentant ainsi le prélat violent qui s'était opposé en* 1562 *à la tolérance du protestantisme, comme revenant par résipiscence à la mansuétude, et s'opposant en* 1572 *au massacre des protestans* (2). »

Pour mettre à sa juste valeur ce blâme et ce mépris amer, nous citerons le texte du biographe des hommes distingués qui furent religieux dominicains du couvent de Saint-Jacques à Paris: Antoine Mallet, s'exprime en ces termes : « Jean Hénuier, docteur

(1) Pages 4, 6, et 7.
(2) Pages 4, 5, et 6.

» en théologie de la faculté de Paris, fut fait l'an » 1559, évêque de Lisieux. Ce fut là qu'il montra » une charité si extrême pour son peuple qu'il fut près » d'exposer son âme (1) pour les brebis égarées de son » troupeau. Le gouverneur de la ville (2) lui com- » muniqua les ordres qu'il avait de Charles IX d'ex- » terminer tous les hérétiques, de sorte que le 21 *août* » de l'an 1572 (3), le sang de ces âmes séduites, eût » été aussi bien espanché que celui de leurs complices » le fut à Paris, s'il ne l'eût empesché. Mais que ré- » pondit-il à la proposition d'un si funeste dessein? O » le grand homme; ô le véritable pasteur! Je ne le » souffrirai pas, répondit ce bon évêque; je suis berger » sous mes brebis : je confesse qu'elles sont égarées, » mais je ne désespère pas de les ramener au troupeau. » N'importe, ajoute le gouverneur, le commandement » du Roi me presse; il faut qu'ils périssent, car il y » va de ma tête. Je vous réponds de votre vie, re- » prend l'évêque, pourvu qu'ils ne périssent pas. Le » gouverneur lui demanda caution de sa parole et » soudain il engagea par écrit sa propre vie pour celle » de ce gouverneur, si cette retenue déplaisait au Roi; » de sorte qu'en même temps il se fit médiateur de ces

(1) Latinisme.

(2) Note 6.

(3) Faute d'impression évidente. Il est présumable que le manuscrit portait la date du 31 août. Ce livre fort vieux contient un grand nombre de fautes typographiques.

» pauvres aveuglés, et caution de la vie de celui qui
» avait charge de les faire mourir. Le bruit d'une si
» grande bonté s'espandit dans la ville. Les hérétiques
» mêmes en furent avertis, et voyant reluire en lui
» une clémence si parfaite, détestèrent leur crime et
» rentrèrent dans l'église; et, de long-temps après,
» cette peste n'infecta personne dans ces lieux-là : de
» sorte qu'ils n'eurent pas grand peine d'exécuter l'é-
» dit du 28 du même mois (1), portant défense aux
» prétendus réformés de faire aucune assemblée parce
» qu'il ne s'y trouva qu'une bergerie et qu'un pas-
» teur (2). »

Ce récit, en style naïf du temps, doit-il paraître *burlesque*? Où sont les *bévues*, les *inepties?* On y cherchera vainement la preuve d'un complot tramé contre la vérité, *dans un cabinet de la Sorbonne*, entre ce dominicain breton et le chanoine de Saint-Quentin. Rien n'indique ce tête à tête, qui manque d'un motif plausible. Il faut, en effet, un motif pour commettre une fraude, et il ne s'en trouve aucun qui puisse être mis en avant pour servir d'appui à cette répugnante accusation.

Mallet, né en 1593, peut être regardé à bon droit

(1) Edit publié à Lisieux le 6 septembre.

(2) Page 247, seconde partie.

comme ayant transmis la tradition contemporaine, puisqu'il pouvait rencontrer dans un couvent des vieillards qui avaient connu l'évêque de Lisieux, mort en 1578. La relation de Héméré a trouvé dans ce second travail un nouveau gage de vérité et de certitude.

D'autres écrivains ont encouru l'animadversion de M. Du Bois. L'auteur de *l'Histoire du Calvinisme*, Maimbourg, pour avoir cité en marge Héméré qu'il traduit, est noté comme *expédiant dans le vin ses histoires inexactes*. Dom Sainte-Marthe, général des bénédictins de Saint-Maur, l'honneur de son corps par son érudition, sa piété et sa modestie, adopte aussi, dans la *France Chrétienne*, le même récit, et il devient aux yeux du critique; *l'auteur d'une compilation informe*. L'abbé Archon, le pieux chapelain de Louis XIV, est aussi noté comme un historien *auquel il ne faut pas se fier, qui n'a lu ni les auteurs, ni les pièces d'où il prétend avoir tiré ce qu'il avance*. M. Du Bois l'a jugé ainsi, d'après le témoignage d'un auteur bien digne d'être cru sur parole, l'abbé de Camps, cet évêque nommé de Pamiers, qui ne put parvenir à obtenir des bulles, à cause de ses mœurs déréglées: ce n'est pas là, heureusement, un jugement sans appel devant le tribunal de la vérité. Mathieu Texte, un des dominicains les plus érudits du siècle dernier, ne mérite pareillement aucune considération : *il écrit*, dit le critique, *avec une grande légèreté et d'une manière déplacée* (1). Ce zélé défenseur de la gloire de Le Hennuyer, est ainsi accusé de citer avec légèreté; péché grave, sans doute, s'il a été commis, mais que de toute manière le critique avait intérêt d'absoudre en se souvenant de la peine du talion.

Voilà bien appréciés, continue M. Du Bois, *les écrivains sur lesquels l'auteur des Recherches s'est appuyé : nous croyons avoir prouvé qu'ils ne méritent pas la confiance* (2). Le critique est loin cependant d'avoir démontré que ces historiens ne sont point dignes de foi. S'il les accuse d'*ineptie*, il les accuse sans preuve; et, d'ailleurs, il n'explique point par quel miracle des écrivains de diverses contrées ont unanimement, pendant près de deux siècles, adopté la relation de Héméré sans s'être fait un devoir de vérifier l'exactitude d'un fait aussi remarquable : s'il crie contre cet historien, en l'accusant de mensonge, ce motif fastidieux est promptement repoussé en vertu d'une impossibilité morale. Il n'a point expliqué comment Sainte-Marthe, Echard, l'abbé Archon, Mathieu Texte, Bérault-Bercastel et autres auteurs ecclésiastiques, si joliment comparés *aux moutons de Dindenaut* (3), sont devenus les organes d'une fausse tradition.

(1) Page 7.

(2) Page 6.

(3) Page 7.

La tradition, reprend l'auteur auquel nous répondons, *peut-elle détruire ce qu'ont affirmé nos écrivains les plus judicieux? Non, certainement; ou bien il faudra ajouter foi à tous les récits populaires des revenans et des sorciers, aux mensonges évidens que l'erreur, l'ignorance, la fraude et l'amour du merveilleux, ont partout accrédité auprès des gens crédules* (1).

Nous pourrions dire à notre tour, et avec bien plus de raison : *Ces écrivains judicieux* ont-ils pu détruire ce qu'affirmait avant eux une tradition de près de deux siècles? Du reste, on sera, sans doute, curieux de connaître ces *écrivains judicieux* : le premier d'entre eux est l'abbé Le Prévost, bibliothécaire de l'archevêché de Paris, et auteur de la fameuse lettre éditée dans le *Mercure de France*, en juin 1746, travail postérieur de 174 ans à la Saint-Barthélemi. Cet érudit n'a jamais été mis au rang des historiens français, et sa mémoire n'a aujourd'hui un léger souffle de vie que dans les seuls écrits de M. Du Bois (2). Le second écrivain *judicieux* est le curé de

(1) Page 13. — Il est étrange d'entendre un homme de lettres confondre ainsi le récit d'une histoire avec celui d'un conte, la vérité et la fable. Il ne croit donc pas à l'autorité du témoignage unanime, à cette source de la certitude historique qui fait revivre les siècles écoulés, et nous donne en spectacle les faits célèbres dont l'éloignement des temps et des lieux ne nous a pas permis d'être témoins !

(2) Nous ne confondons pas, ainsi que le remarque le critique, cet abbé Le Prévost avec le chanoine de Lisieux, de ce nom.

Campigny, Noël Deshayes : l'œuvre de cette grande célébrité, écho littéral de la dissertation de Le Prévost, est restée gisante dans la poussière des bibliothèques, pendant près d'un siècle, et n'a pas, même aujourd'hui, reçu les honneurs de l'impression. La troisième autorité est l'auteur de l'article *Le Hennuyer*, inséré dans la *Biographie Universelle;* mais c'est M. Du Bois, lui-même! L'auteur de la Dissertation imprimée dans les *Archives Normandes;* mais c'est encore M. Du Bois, en personne!! L'auteur d'*une composition honorablement accueillie dans le Mercure de France*, *en* 1817; mais c'est, de nouveau, M. Du Bois!!! Ainsi le critique se multiplie à l'instar d'un général qui, pour soutenir ses troupes en déroute, se montre sur tous les points. Où sont donc *tous ces auteurs impartiaux, désintéressés dans la question, et même disposés à célébrer la mansuétude de l'Evêque* PHÉNOMÈNE *de* 1572 (1)*!*

Le critique est, maintenant, réduit à citer des historiens qui, par leur silence, militent victorieusement en faveur de sa thèse (2). Il est fort commode de se promener ainsi dans sa bibliothèque, en comptant tous les historiens qui n'ont point parlé de Le Hennuyer. Daniel et Mézerai, dit-il, *ont, en gardant un complet silence, repoussé du domaine de l'histoire la belle action*

(1) *Ut suprà*, page 9. (Voyez note 7).

(2) Page 7.

du Prélat (1). Mézerai n'a recueilli que trois ou quatre noms parmi ceux des hommes généreux qui ont osé résister aux ordres sanguinaires de Charles IX, et Daniel les omet tous (2). Cette omission prouve-t-elle que ces auteurs aient repoussé du domaine de l'histoire d'aussi nobles résistances? On ne trouve pas un seul historien, même parmi ceux de nos jours, qui les ait enregistrées toutes. Celui qui cite la belle réponse de d'Aspremont, vicomte d'Orthe, gouverneur de Bayonne, oublie de louer la belle conduite de Claude de Savoie, comte de Tende, gouverneur de la Provence; ou du comte de Carces-Pontévès, lieutenant du Roi dans la même province; ou du président Jeannin, à Auxerre; ou de François de Montmorency, à Senlis; ou de Montmorin de Saint-Hérem, gouverneur de l'Auvergne; ou de Bertrand de Simiane, comte de Gordes, à Valence et à Romans; ou de Renée de France, fille de Louis XII, à Montargis; ou du comte de Chabot-Charni, à Dijon; ou de Villars, consul de Nîmes; ou de Jacques de Matignon, à Alençon et à Saint-Lô; ou de Thomasseau de Cursay, à Angers; ou de Philibert de la Guiche, à Mâcon; ou du comte de Rieux, à Narbonne; ou du marquis de Bouillé, en Bretagne; ou de Leveneur de Carouges, à Rouen (3); ou de Si-

(1) Page 8.

(2) Edition de 1751.

(3) Tanneguy Leveneur de Carouges, *fit ce qu'il put* pour garantir les protestans de Rouen ; mais il n'en fnt pas le maître. (*Odolant-Desnos.*)

gognes, gouverneur de Dieppe; et cette omission de quelques noms, dans la longue liste de ces hommes de cœur, n'est ni un blâme, ni un doute, ni une négation.

L'action de l'Evêque de Lisieux n'est pas restée sans retentissement: « de nombreux auteurs l'ont recueillie, » dit M. Brizard, « comme un monument de patriotisme » et d'humanité qu'ils ont aimé à reproduire aux yeux » de leurs concitoyens (1). » Quelques noms doivent être ajoutés à la nomenclature de ces auteurs, donnée dans la première partie des *Recherches*. Le premier à citer est celui du dominicain Echard, écrivain normand. Les écrivains normands n'ont point *méprisé la fable* de Le Hennuyer, comme ledit M. Du Bois (2). Echard avait écrit sur ce prélat, dès 1721. « Sa vie fournit » deux beaux modèles; l'un de son zèle à défendre la » religion catholique contre le calvinisme, l'autre d'une » charité toute paternelle, en faveur de ses brebis » égarées par les nouvelles doctrines : le pieux Prélat » les préserva du massacre général des huguenots, à la » Saint-Barthélemi, 1572, et les ramena dans le sein » de l'église par cet acte d'humanité (3). » Ce passage est, d'ailleurs, remarquable par la distinction qui s'y trouve entre le catholicisme vigilant de cet évêque et son ardente charité.

(1) *Du Massacre de la Saint-Barthélemi* : 2 vol. in-8o. — Rouen.
(2) Page 8.
(3) Le texte latin se trouve note 8.

Un auteur, non moins recommandable, l'abbé Paul Colliette, doyen de Saint-Quentin, a donné, en 1772, des éloges au dévouement de Le Hennuyer, dans un ouvrage estimé, intitulé : *Mémoires pour servir à l'Histoire du Vermandois* (1), sans prendre en considération les observations critiques du *Mercure de France*, de juin 1746. Comme son devancier, l'abbé Le Prévost, M. Du Bois a trouvé, dans la même province, un contradicteur fort érudit : M. de Vismes, ancien magistrat, et auteur d'une histoire de la ville de Laon, a répondu, dans la *Galerie des Hommes distingués du département de l'Aisne*, aux principales objections émises dans la *Biographie Universelle*. « On a entrepris, dit-il, » de reléguer parmi les fables ce trait justement célèbre, » et qui honore l'épiscopat. Le Hennuyer était, dit-on, » un adversaire violent des calvinistes; il s'était opposé » à l'édit de janvier 1562, qui leur accordait le libre » exercice de leur culte, et c'est en appliquant à l'année 1572 cette opposition de 1562 qu'on aura fait » de lui le sauveur des calvinistes de son diocèse. Mais, » d'abord, de ce qu'il se serait opposé à ce qu'on » permît, en France, l'exercice public de la religion » réformée, s'ensuit-il qu'il n'ait pu vouloir qu'on » épargnât la vie des religionnaires? Où a-t-on vu que » celui qui hait l'hérésie ne puisse improuver le massacre des hérétiques? Il me semble que tout ce que

(1) 3 Vol. in-4°. — Cambrai, 1772.

» l'on peut conclure de l'opposition de 1562, en la » supposant réelle, c'est que celle de 1572 en sera plus » méritoire. Rien, au reste, de moins vraisemblable » que cette prétendue confusion de ce qu'on reproche » à Le Hennuyer en 1562, avec ce qu'on lui conteste » en 1572. Elle pourrait se concevoir, jusqu'à un cer- » tain point, si les deux faits étaient de la même nature; » mais le simple bon sens la repousse, dès-là qu'ils con- » trastent tellement que ceux qui veulent qu'on les ait » pris l'un pour l'autre vont, en même temps, jusqu'à » soutenir qu'ils sont inconciliables (1). Toutes les » autres objections, qui ne consistent que dans des » argumens négatifs méritent peu d'être réfutées. Telle » est celle qui se fonde sur le silence de l'épitaphe du » Prélat, silence *qui ne prouve pas que le fait n'existe* » *point*, mais duquel on ne peut, raisonnablement, » conclure que l'une des deux choses suivantes, ou que » le beau trait de l'Evêque de Lisieux n'était pas ap- » précié à sa juste valeur, ou qu'on n'osait le proposer

(1) Un des critiques de l'auteur des *Recherches* a fait une objection du silence de Héméré sur la protestation de 1562. Ce silence, dit-il, semble prouver la confusion des deux dates; mais Héméré n'avait point à s'occuper de cette opposition qui est simplement un acte d'administration diocésaine, déplacé dans une *Histoire de Saint-Quentin* et dans une courte notice, genre de composition circonscrit dans de très-étroites limites. Cette opposition, ayant été faite de concert par le plus grand nombre des évêques et des chapitres de France devient un fait sans caractère particulier et d'autant moins digne de remarque aux yeux d'un biographe. (Voyez ci-dessus, page 30.)

» à l'admiration générale à une époque où la haine » réciproque des deux partis était encore dans toute » sa violence. Je ne vois donc rien qui nous autorise » à le dépouiller de la gloire dont il est en possession (2). »

M. Du Bois termine sa dissertation en posant quatre questions principales; la première est celle-ci : *Le Hennuyer était-il disposé à la tolérance?* C'est ainsi sur un soupçon, sur une supposition, deux mots synonymes, que le libérateur des calvinistes lexoviens est dépouillé de sa célébrité! S'il n'est pas permis à un juge de condamner sur une présomption dépourvue de rapport avec le fait, parce qu'il condamnerait sans preuves, comment agréer la condamnation prononcée par un écrivain auquel la qualité d'historien impose le devoir impérieux d'écrire les faits d'après des documens authentiques, de juger sur un témoignage grave et précis, mais non d'après une présomption, un indice, et même une vraisemblance? A quoi bon cette recherche sur les dispositions intimes du Prélat? Peu importe l'opinion que s'en fera M. Du bois, car il ne pourra jamais conclure que Le Hennuyer n'a pas sauvé les Huguenots. D'ailleurs, pour avoir le droit d'écrire *que Le Hennuyer ne pouvait être disposé à une tolérance contre laquelle*

(1) *Manuel Historique du département de l'Aisne*, page 274; Laon, 1826; in-8°. — *Voyez* aussi l'*Histoire générale de France*, IIe partie, tome XXX; 1819.

s'élevaient sans cesse et sans mesure le pape, la cour de Rome et les cardinaux français (1), il faut prouver, par des faits avérés, que ce Prélat s'est montré sanguinaire envers les calvinistes. Mais cette preuve est introuvable : pas une ligne, pas un mot, dans les histoires les plus estimées, ne l'a accusé d'inhumanité.

Passons à la seconde et à la troisième question. D'après les procès-verbaux conservés à la mairie de Lisieux, ajoute le critique, il résulte *que Le Hennuyer n'était pas dans cette ville lorsqu'on y apprit le massacre de la Saint-Barthélemy...; qu'il n'a ni parlé, ni agi en faveur des protestans...; que la tradition est évidemment fausse, parce qu'elle est démentie par les vraisemblances et les registres municipaux* (2). Si les registres cités ici sont authentiques, tout débat est terminé : il ne reste plus qu'à indiquer l'acte précieux qui éclaire sur la véritable conduite de cet évêque; mais le critique oublie totalement de nous faire participer à l'heureux résultat de sa découverte, en donnant le numéro de ce registre et la date du précieux procès-verbal qu'il renferme. Cette citation était impossible, puisqu'il n'existe dans les archives municipales de Lisieux aucun registre, aucun acte, aucune phrase, aucun mot qui puisse servir à constater soit l'absence du Prélat, soit sa non-intervention dans la conservation des prisonniers calvinistes

(1) Page 11. — Voyez note 9.

(2) Pages 12 et 13.

et leur mise en liberté. Les circulaires des 27 et 28 août, envoyées de Rouen, sont le résultat des premiers ordres de la cour, et ne prouvent point que le capitaine-gouverneur de la ville n'ait pas reçu postérieurement l'ordre verbal d'extermination. La tradition n'est donc pas démentie par les registres municipaux.

La quatrième et dernière question qui conteste la valeur de la tradition orale trouve une réponse dans ce que nous avons écrit plus haut, sur le témoignage des contemporains.

Mais peut-on croire, poursuit le critique infatigable, *que le confesseur du roi et de la reine-mère, ordonnateurs des assassinats, ait voulu, ait pu, ait osé s'opposer au massacre et qu'il l'eût fait impunément* (1)? Le Hennuyer n'a jamais dirigé la conscience de Charles IX ni celle de Catherine de Médicis depuis le jour où elle eut le titre de reine (2). Il était sans doute honoré de la bienveillance et de l'estime de la reine-mère, mais est-ce là un indice qu'il ne portât pas un cœur chrétien, qu'il se souciât peu des saints enseignemens de l'Evangile. Le zèle pour les idées n'est pas l'indifférence pour les personnes. Le vrai catholique sait distinguer entre l'erreur toujours odieuse et celui qui s'égare : lors même que les doctrines peuvent diviser

(1) Page 24.

(2) Voyez ci-dessus page 18.

les esprits, la charité sait unir tous les cœurs. Le pieux évêque, malgré la bienveillance de la cour à son égard, a donc pu traiter avec douceur les dissidens, loin d'être *disposé* à les laisser égorger, il se montra leur libérateur et leur ami. Telle a été sa conduite, comme nous l'avons montré avec l'appui de preuves contre lesquelles les assertions de M. Du Bois sont impuissantes.

On ne peut dire, car rien ne l'indique et rien ne le prouve, *qu'il ait toujours été hargneux, d'humeur âcre et de caractère guerroyant* (1): Il résulte, au contraire, d'un document contemporain, l'inscription gravée sur son tombeau, qu'il était *envers chacun bontif et amiable, qu'il usait de la douceur*. de cette douceur chrétienne qui attire les hommes à la religion; que, gardant la résidence, il ne se mêla point des affaires publiques; qu'il s'est montré le pasteur de son troupeau; en un mot

Qu'il était de vertus non de soie habillé.

Tel est le témoignage irrécusable des contemporains en faveur de sa piété, de son zèle, et de son esprit de douceur.

On ne trouve plus aujourd'hui sur le tombeau de Le Hennuyer cette longue épitaphe qui conservait parmi le peuple un souvenir édifiant. La dépouille mortelle du saint évêque, est depuis long-temps gi-

(1) Page 20.

sante sous un pavé ignoble; et la place où elle repose est ignorée du plus grand nombre. Ainsi la mort n'épargne pas même les tombeaux (1). C'est à la ville de Lisieux, et surtout, à ceux de ses habitans que l'amour des arts et des lettres a réunis en société académique, qu'il appartient de rendre un marbre tumulaire à cette principale gloire de notre pays. Les hommages décernés au libérateur des calvinistes lexoviens deviendront une leçon de tolérance chrétienne envers les personnes, leçon de charité qui s'adressera de leur part à tous les peuples et à toutes les religions.

(1) *Data sunt ipsis quoque fata sepulchris* (Juvénal).

CHAPITRE XIV.

—

ERRATUM

Sur un point d'histoire.

Le massacre de la Saint-Barthélemi doit-il être regardé comme un coup d'état prémédité de longue main par Charles IX? La paix qui suivit la victoire de Moncontour et termina la troisième guerre civile; les marques de faveur et de confiance dont ce prince combla l'amiral de Coligni, et les noces brillantes du roi de Navarre cachaient-elles le perfide dessein d'attirer à Paris l'élite de la noblesse calviniste pour la faire tomber dans de sanglantes embûches? Plusieurs écrivains contemporains, mais la plupart protestans, l'ont affirmé; et leur sentiment a été suivi par un grand nombre d'historiens. D'autres contemporains et d'autres historiens, non moins nombreux, apportent, sur ce point, un témoignage tout-à-fait opposé. Le temps et l'étude devaient dissiper peu-à-peu les ténèbres de ce problème, et dégager la vérité d'une foule d'assertions contradictoires.

L'opinion qui conclut à la non-préméditation de la Saint-Barthélemi est celle qui est généralement adoptée aujourd'hui (1). « Il est impossible de ne pas avouer, écrit » M. Capefigue, que les sanglantes journées furent » résolues sans longue préméditation, comme un déses» poir du conseil pour échapper aux guerres civiles (2). »

Les insolences et les menaces des principaux chefs calvinistes, après la blessure de l'amiral, étaient l'annonce certaine d'une nouvelle levée de boucliers. « Une » agitation inexprimable régnait parmi les huguenots » qui erraient sans cesse dans les environs du Louvre : » deux de leurs capitaines, Pilles et Pardaillan, annon» çaient hautement que, le lendemain, ils iraient se » présenter au Roi pour accuser la Reine-Mère du » crime qui venait de se commettre. Catherine qui, au » fond du cœur, ne cessa de pencher pour la réforme, » ne trouva d'autre moyen de se sauver qu'en aggravant » le mal en faisant tuer Coligni et les hommes les plus » influens du parti, réunis alors à Paris (5). »

Si cette entreprise, aussi impolitique que criminelle, avait été résolue, comme on l'a écrit, dès l'entrevue

(1) L'auteur des *Recherches* n'ignore pas que MM. Sismondi, Lacretelle et Audin ont écrit sur ce point d'histoire d'après le système de la préméditation.

(2) *Histoire de la Réforme*, tome III.

(3) *Cours d'Histoire de France*, par M. Alexandre Mazas, tome II.

de Bayonne avec le duc d'Albe, sept ans auparavant, ou vers l'époque de l'assassinat du chevalier de Ligneroles, confident du duc d'Anjou (1), ou seulement au moment de la paix et des propositions de mariage faites au roi de Navarre, la cour n'eût-elle pas arrêté un plan et pris de nombreuses précautions? Elle aurait donné des ordres afin que le massacre eût lieu le même jour dans toutes les villes du royaume; les places de sûreté des protestans eussent été saisies; un corps d'armée eût été envoyé dans le midi pour empêcher toute prise d'armes de la part des nombreux réformés qui s'y trouvaient, elle n'aurait pas, trois jours auparavant, effrayé les calvinistes par le coup d'arquebuse de Maurevert! Elle n'eut pas cette prudence; car la mort de l'amiral avait seule été souhaitée. Catherine, en chargeant Maurevert de la défaire de son rival auprès de son fils, n'avait pas prévu que l'assassin manquerait son coup. L'insuccès de ce premier attentat poussa cette reine ambitieuse à un second crime, celui de la Saint-Barthélemi, qu'elle fit exécuter deux

(1) Le meurtre de ce favori, pendant le voyage de la cour à Blois, en 1571, avait-il véritablement une liaison avec le projet de se défaire des huguenots? De Thou rapporte que plusieurs gentilshommes calvinistes lui avaient affirmé qu'à l'époque de la mort de Ligneroles le Roi ne pensait point au massacre qui eut lieu plus tard. Il paraît, d'après les mémoires de Tavannes, que ce mignon, qui venait de passer de la familiarité du duc d'Anjou dans celle de Charles IX, fut sacrifié aux ressentimens de la Reine-Mère, parce qu'il faisait prendre au jeune Roi des airs d'indépendance envers elle.

jours après, sans s'arrêter à de prudentes précautions et comme à l'improviste. Le sang qui fut répandu assouvit sa vengeance et tranquillisa son ambition; mais il n'éteignit pas la guerre civile, et couvrit la France de crimes, de deuil, et de honte.

Les partisans de la préméditation de cette affreuse catastrophe se complaisent à faire ressortir la dissimulation profonde du jeune monarque, sans remarquer combien il est difficile de croire que le secret du complot, auquel ils donnent une si longue durée, eût échappé à tant de personnages intéressés à le surprendre. « Est-il probable, en effet, dit fort bien M. Dufau, » qu'un jeune prince, d'un naturel aussi fougueux, » ait pu garder pendant si long-temps toutes sortes » de ménagemens avec les chefs calvinistes, et leur » témoigner autant de bienveillance avec d'aussi af- » freux projets au fond de l'âme? Comment, dans ses » longues conférences avec l'amiral, un geste, un mot, » un regard n'a-t-il jamais trahi son trouble secret? » Comment l'œil scrutateur de l'amiral n'a-t-il jamais » surpris dans les traits du prince cette inquiétude qui » accompagne presque toujours la trahison? Quoi, sa » voix ne s'est jamais altérée quand il appelait son père » celui qu'il voulait faire assassiner!... Il faut avouer » qu'il y a là une invraisemblance frappante; et l'on » doit être surpris que cette considération ait échappé » aux écrivains qui ont déjà tracé l'histoire de ce règne.

. . . .

. . . . » Le mariage de la reine Marguerite » avec le roi de Navarre n'avait, dit-on, d'autre but » que de rassembler, à Paris, tous les huguenots dis- » tingués pour pouvoir les massacrer tous à la fois. » Ce n'est pas ici le lieu d'examiner si quelques per- » sonnages de la cour avaient réellement eu d'autres » intentions que celle-la en le favorisant; mais si le » roi était d'accord avec les personnages, pourquoi » fit-il, en quelque sorte, violence à sa sœur? pourquoi » ce mariage fut-il conclu? ne suffisait-il pas d'avoir » paru le vouloir sincèrement? Le prince de Navarre » était arrivé avec sa suite : si c'était tout ce qu'on » voulait, ne pouvait-on pas retarder de quelques jours » la conclusion du mariage sous un prétexte quelcon- » que, ou devancer de quelques jours aussi le mas- » sacre, consenti et arrêté long-temps avant? »

« Enfin, comment expliquer cet assassinat de l'ami- » ral arrivé trois jours avant le jour fatal? Vainement, » d'après d'Aubigné, on a cherché à prouver que ce » crime avait été commis dans l'espérance que les » huguenots donneraient, en quelque sorte, eux-mêmes » prétexte au massacre en attaquant les Guises, qu'ils » ne manqueraient pas d'accuser de ce meurtre. Quelle » apparence, comme l'observe un écrivain (1), que » huit cents protestans eussent osé assiéger, dans le

(1) Daniel. — *Histoire de France*.

» sein de la ville, cette famille puissante soutenue par » soixante mille catholiques toujours prêts à s'armer » pour elle contre des huguenots qu'ils avaient en » exécration? Ne devait-on pas présumer, avec plus » de probabilité, que, saisis d'effroi, ils fuiraient à la » hâte vers la Rochelle pour y chercher un asile contre » les perfidies de la cour, reprendre les armes et » venger le grand homme qu'ils venaient de perdre? » C'est, en effet, ce qui serait arrivé, si le coup qui » blessa l'amiral eût été mortel; car ce fut la seule » confiance qu'il conserva dans la parole royale qui » empêcha les chefs de quitter Paris et de chercher » une retraite plus sûre. Tout cela démontre, il semble, » jusqu'à l'évidence, que Charles IX ne fut réellement » instruit du complot qu'au moment de l'exécution, » et qu'il fut entraîné par les suggestions perfides de » ceux qui l'entouraient. C'est ce qui justifie ces paroles » du chancelier de l'Hospital sur les crimes de cette » fatale journée, crimes dont l'horreur le conduisit » au tombeau : Non, je ne puis croire que tant d'hor» reurs soient l'ouvrage du Roi, je connais trop son » cœur depuis l'âge le plus tendre (1). Paroles qui » équivaudraient presque, elles seules, à tous les témoi» gnages que nous avons rassemblés (2). » Citons aussi la réponse de Le Hennuyer au commandant de sa ville épiscopale : Ne mettez point le nom du Roi en avant,

(1) *Poésies latines*, de l'Hospital, 1778.

(2) *Histoire générale de France*, tome XXX.

je connais personnellement la bonté de ce prince, et je dois croire qu'on l'a surpris en cette occasion.

« Qu'opposer à tout cela, ajoute le même historien? » Le témoignage des écrivains protestans qui ont jugé » d'après l'évènement; celui de quelques écrivains » italiens, d'autant moins difficiles à admettre ce » système d'une honteuse perfidie, qu'ils la regardent » comme le sublime du génie; et quelques anecdotes » rapportées par des écrivains français, mais dont les » termes sont trop empreints du caractère passionné » du moment pour mériter une confiance sans réserve. » Ces témoignages, il faut l'avouer, ne peuvent balan- » cer un instant les nombreuses autorités qui appuient » le sentiment qu'on vient d'exposer.

» Ainsi donc, Charles IX ordonna et fit exécuter, » au sein de la paix, le plus affreux massacre; son » nom sera flétri dans l'histoire, mais il sera disculpé » du reproche de la plus lâche préméditation, et une » part de la haine qui a poursuivi sa mémoire retom- » bera sur ceux qui empoisonnèrent sa jeunesse, et » qui arrachèrent son consentement à l'un des grands » crimes qui souillent nos annales. »

Ces détails sont l'exposé des motifs qui nous engagent, en terminant ce travail, à rectifier l'opinion que nous avons émise ci-dessus, page 61. « Les calvinis- » tes, avons-nous dit, d'abord récensés, soumis à un

» serment, ensuite traqués, dénoncés et appréhendés » au corps, furent jetés dans les prisons. On cherchait » à réunir les victimes sous le même poignard, en ren» dant toute fuite impossible. » Cet emprisonnement ne devait point être présenté comme une préméditation du massacre, puisque, dans ce même moment, l'autorité locale ignorait encore les ordres qui venaient d'être subitement donnés par la cour pour faire répandre le sang des calvinistes dans les provinces. Avertis par la sage critique du journal *l'Ami de la Religion* (1), nous retirons volontiers cette phrase. La vérité, objet de tous nos respects, n'est-elle pas l'âme de l'histoire?

(1) Numéro 3817, 19 octobre 1843.

CHAPITRE XV.

—

Saint-Barthélemi de 1569.

AUTRE RÉPONSE A M. DU BOIS.

Le massacre exécuté par les calvinistes dans le Roussillon, le Béarn et la Navarre, pendant la domination de la reine Jeanne d'Albret, est-il historique? M. Du Bois le regarde comme une fable calomnieuse. Il accuse l'auteur des *Recherches* de n'avoir pas vérifié un fait *si incroyable. Je l'ai vérifié*, dit-il, *moi, qui, comme l'école philosophique, ne me borne pas à répéter d'après le premier chroniqueur venu, ce qu'il lui a plu d'inventer ou d'altérer* (1).

L'auteur des *Recherches* n'a point rapporté à la légère le fait constaté ici, et il n'a jamais oublié que l'exactitude et la sincérité sont le principal mérite d'une histoire. Il a puisé ce qu'il a raconté dans les

(1) Page 18.

études historiques, publiées par M. F. Dollé (1), et dans l'éloquente conférence de M. de Frayssinous, intitulée : *La Religion vengée du reproche de fanatisme.*

« La Saint-Barthélemi, dit M. Dollé, est le malheu-
» reux anniversaire des deux plus déplorables journées
» dont la France ait eu à gémir : je dis deux journées :
» car bien que Messieurs les réputés philosophes ne par-
» lent jamais que de la dernière, celle-ci ne fut pourtant
» qu'une représaille consentie par le trop faible Char-
» les IX, laquelle eut lieu le 24 août 1572 ; mais ils se
» gardent bien de dire que, le 24 août 1569, tous
» les nobles, tous les prêtres, tous les bourgeois catho-
» liques du Roussillon, du Béarn, de la Navarre et des
» environs, furent massacrés, le même jour et à la
» même heure, par les protestans (2). » Il a trouvé le même fait mentionné dans l'*Histoire de la Navarre*, par Favyn, et dans les *Ephémérides de M. Noël.* La biographie de Jeanne d'Albret, dans divers dictionnaires historiques, n'a pas célé les cruautés qui suivirent l'envahissement du Béarn par Montgom-

(1) *Lettre à Marie-Amélie.*

(2) On lit dans cet historien : « Les nouvelles de ce massacre fâchèrent extrêmement le roi Charles..... Il fut excité à une seconde Saint-Barthélemy par le souvenir des seigneurs dagués de sang-froid, en Béarn, par Montgommery, lequel, pompeusement, se pavanait à Paris. » M. Noël rapporte aussi que, le 24 août 1569, eut lieu le massacre des prêtres et des nobles, dans le Béarn et dans la Navarre, par les calvinistes.

mery, et principalement le massacre des catholiques de Pau et d'Orthès, le 24 août 1569.

On sait, d'ailleurs, combien les calvinistes étaient étrangers à tout sentiment de tolérance, et même d'humanité. Il y a d'autres faits que les cruautés de 1569 pour le prouver. « Artisans de désordres, dit M. Mazas, » ils comptaient leurs jours ou par des meurtres, ou » par des conjurations (1). Qui ne sait les violences, dit » aussi Bossuet, que la reine de Navarre exerça sur » les prêtres et sur les religieux (2)? » M. Du Bois a prétendu que Montgommery ne fit rien de blâmable, d'après les mœurs du temps et les lois de la guerre. On est surpris de trouver cette excuse sous la plume d'un écrivain qui s'est donné diplôme dans l'école philosophique! L'école philosophique peut-elle admettre que les meurtres commis par les huguenots étaient l'effet PRESQUE NÉCESSAIRE des longues injustices dont ils étaient l'objet depuis tant d'années. La nécessité n'excuse point ainsi l'assassinat et la vengeance. L'histoire ne doit-elle pas flétrir ces attentats horribles qui ont déshonoré les deux partis? Nous avons vu, avec regret, M. Du Bois s'écarter du devoir impérieux, pour tout véritable philosophe, de combattre le fanatisme, dans

(1) *Cours d'Histoire de France*, tome II.

(2) *Histoire des Variations*, tome II.

quelque parti et dans quelque pays qu'il se montre, parce que la véritable philosophie est amour des lois divines et humaines, religion, sagesse, humanité.

FIN.

NOTES.

1. « Le Roi écrivit, dès le premier jour, aux gouverneurs qu'il n'avait aucune part au désordre qui était le fruit de l'animosité des deux maisons de Guise et de Châtillon : qu'ils eussent donc a faire entendre à tout le monde que ce qui venait d'arriver n'apporterait aucuns changemens aux édits de pacification, et qu'il commandait que chacun restât tranquille, mais, dès le lendemain, on dépêcha par toutes les villes du royaume des catholiques accrédités chargés d'ordres verbaux tout contraires.

ANQUETIL, *Esprit de la Ligue*, tome II.

2. La lettre écrite le jour même du massacre au maréchal de Strozzi, par Catherine de Médicis, est celle-ci : « Strozzi, je » vous advertis que cejour-d'huy 24 aoust, l'admyral et tous les » huguenots qui estoyent icy avecques luy ont été tués. Partant » avisez promptement à vous rendre maistre de la Rochelle. » (Le maréchal commandait un corps de troupes aux environs » de cette ville), et faictes aux huguenots qui vous tomberont » entre les mains, le mesme que nous avons fait à ceulx-ci. Gar- » dez-vous bien d'y fayre faute autant que craignez de déplayre » au Roy, monsieur mon fils, et à moy. »

3. Lettre de la reine-mère au Roi d'Espagne, datée du 29 août, quatre jours après la Saint-Barthélemi : « Je ne faicts nul

» doubte que vous ne ressentiez comme nous-même le bonheur » que Dieu nous a faict de donner le moyen au Roy, mon fils, » de se débarrasser de ses subjets rebelles à Dieu. Nous nous » assurons que vous en louerez Dieu avec nous pour le bien qui » en advyendra à toute la chrestienté, ce qui bientôt se cognois- » tra et s'en ressentira le fruict. Je donne charge à nostre am- » bassadeur auprès de vous de vous conter comment le tout s'est » passé ; et la juste occasion que monsieur mon fils a eue de ce » fayre. »

(*Extrait d'une Notice sur Catherine de Médicis.*)

4. « Hennuierius factus est episcopus Lexoviensis anno 1559.... Quam sedem cum ille regeret, et urbis à Carolo IX rege Galliarum litteras accepisset quibus qui Lexoviæ infecti essent hæresi occidi omnes jubebatur, per eos dies quibus imperii princeps civitas cruore ejus insaniæ hominum latè commaduerat, easque communicasset episcopo : Neque sum passurus, inquit Præsul, oves meas et quanquam evagatas Christi caulâ, meas tamen adhuc, quia necdùm desperatas, gladio trucidari. Referente contrà Pro-rege, imperio se mandatoque urgeri principis quod si posthabeatur omnem esse periculi aleam in caput suum, moriendique necessitatem redituram. Et polliceor, inquit episcopus, illâ te eximendum. Postulantique cautionem præsul consignatum manu sua scriptum tradidit, fidem datam confirmans. Quâ illicò publicatâ clementiâ, et ad errantes oves perlatâ sollicitudine præsulis vigilantis circa gregis commissi sibi salutem et conservationem, rediêre sensìm in ecclesiæ sinum omnes quotquot Lexoviæ per ea tempora novum istud fataleque delirium dementârat ; nec ultrà ibidem diù visi qui à rectâ fide aberrarent. » (*Claudius Hemeræus Viromanduorum illustrata*, lib. II, p. 347.)

5. « Eo nomine, inquit Hemeræus, plures San-Quintini inter laudatissimos cives pietate et opibus commendati. »

Denis Hangart, docteur en théologie, d'abord chanoine et ensuite doyen de Laon, était un savant hélléniste et l'un des ornemens de l'Université de Paris, dont il fut recteur. Digne neveu de Jean Le Hennuyer, il ne prit aucune part aux excès de la Ligue, et mérita l'estime de Henri IV qui récompensa sa fidélité en le nommant au décannat de la cathédrale de Laon en 1604. On lui doit l'édition de 1578, revue et corrigée, de l'histoire ecclésiastique de Nicéphore, et la première traduction française de l'histoire Tripartite. (M. DEVISME, *Galerie Historique.*) L'abbé Leprevost, contempteur de l'oncle, ramasse une seconde pierre pour le neveu qu'il accuse de fanatisme, à cause d'un panégyrique de Saint-Louis prononcé le 25 août 1572, au collége de Navarre. Ce jeune prêtre avait été admis à faire ses études, comme boursier, dans cette célèbre maison, par la protection du cardinal de Bourbon (*Mercure de France*, mai 1746). Ainsi, la passion du critique va jusqu'à citer des discours de collége; trouvaille bien digne d'entrer dans le bagage de ses argumens.

Plusieurs autres neveux de l'évêque de Lisieux furent pareillement élevés au collége de Navarre. Adrien Le Hennuyer occupa une place distinguée dans l'église. D'autres Le Hennuyer ont, en différens temps, pris part à l'administration municipale de Saint-Quentin. Aujourd'hui cette famille n'est pas, nous assure-t-on, éteinte dans toutes ses branches.

6. M. Du Bois reproche à Mallet l'erreur qu'il aurait commise en nommant *Livarot* le commandant de Lisieux. Aucun nom n'est indiqué dans la copie du passage transcrit ici. Le nom de *Livarot* se lit, il est vrai, dans un fragment d'un ancien manuscrit, daté de Lisieux, qui est cité par l'abbé Leprevost (*Mercure de France*, octobre 1742); et il paraît qu'il ne se trouve que dans cette pièce apocryphe. Quoiqu'il en soit cette erreur n'a pas la gravité que le critique s'est efforcé de lui donner. Tout en avouant qu'il n'est pas permis à un historien de se tromper ni sur les noms, ni sur l'état des personnes dont il parle, ont doit admettre, avec l'auteur du *Traité des preuves qui servent à établir la vérité de l'histoire*, qu'entre les nom-

breux écrivains qui ont travaillé sur nos annales, à peine un seul se trouve t-il auquel des fautes semblables ne soient point échappées.

7. Ce mot railleur *évêque phénomène* est le complément du passage suivant, qui se trouve page 23 de la brochure de M. Du Bois : « Ce n'est que depuis les écrits des philosophes du XVIIIe » siècle, et depuis les sages lois de la révolution de 89, que » nos ecclésiastiques sont devenus plus chrétiens, c'est-à-dire » plus humains, plus charitables. » Le critique ne connaîtrait-il point l'histoire de l'église de France qui offre aux hommages de la postérité les noms des nombreux héros de la charité chrétienne? Le trait suivant n'est sans doute pas connu dans l'école philosophique; qu'il nous permette de le rapporter.

Un protestant, qu'un revers de fortune avait ruiné, fut, un jour, admis à l'audience de M. de Villeneuve, évêque de Montpellier, vers le milieu du siècle dernier. Le prélat attendri au récit de l'infortune de ce malheureux, passe dans une pièce où se trouve son valet de chambre auquel il dit : Allez me chercher dans mon secrétaire un rouleau de vingt-cinq louis, — Mais, monseigneur, reprit celui-ci en devinant la générosité de son maître, cet homme est un protestant. — Et quand ce serait un Turc, ne suffit-il pas qu'il soit homme et malheureux! Allez donc, et faites ce que je vous dis. Le protestant reçut les vingt-cinq louis, et se retira en bénissant la charité de l'évêque que sa haine pour l'erreur n'empêchait pas d'aimer et de secourir ceux qu'elle avait séduits.

8. « Egregia dedit ardentissimi sui pro catholicâ religione adversùm hæresim calvianam studii simul et verè paternæ in oves etiam errantes specimina : has enim è communi San-Bartholomæâ hugonotorum cæde, anno 1572, servavit immunes, et in ecclesiæ eâ pietate reduxit. »

(*Scriptores ordinis prædicat*, t. II, p. 341.)

9. On ne peut accuser à bon droit le pape de complicité dans le massacre de la Saint-Barthélemi. La correspondance du Nonce Salviati, accrédité auprès de Charles IX, prouve que le représentant de Grégoire XIII était dans une complète ignorance de ce qui devait arriver à la Saint-Barthélemi.

FIN DES NOTES.

www.ingramcontent.com/pod-product-compliance
Lightning Source LLC
LaVergne TN
LVHW010103230826
846091LV00005B/2069